가을이다,
다시

가을이다,
다시

현장원 시집

BromBooks
브롬북스

Autumn has come, once more. © JangWon Hyun 2025

가을아, 가을아,

부디 내 곁에

오래 머물다 가다오.

계절이 지나가는 하늘에는

가을로 가득 차 있습니다.

윤동주, '별 헤는 밤' 중에서...

들어가며

가을은 짧습니다.
와 있는 듯하다가 이내 스쳐가고,
남는 것은 쓸쓸함과 그리움뿐입니다.

그러나 바로 그 짧음 때문에
가을은 더 선명하고,
쓸쓸함 속에서 더 따뜻합니다.

이 시집은 가을의 순간들을
단어와 문장으로 붙잡아 둔 작은 기록입니다.
낙엽과 바람, 사람과 기억,
그리고 그 사이의 마음을 담았습니다.

가을은 잠시 머무는 계절이지만
그 여운은 오래 남습니다.

당신의 가을도
이 책 속에서
오래 머물다 가길 바랍니다.

- 지은이 드림

목차

- 들어가며 · 8
- 목차 · 10

사과 · 16

쌓임 · 17

은행나무 · 18

호박죽 · 20

배 · 22

찬바람 · 24

긴팔 티셔츠 · 26

들국화 · 28

노을 · 32

두물머리 · 34

추석 · 36

서점 · 38

연기 · 39

흩날림 · 40

그리움 · 42

공원 · 44

밤 · 46

대하구이 · 48

송편 · 49

낙엽 · 50

갈대밭 · 52

단풍 · 53

자전거 · 54

아파트의 가을 · 56

새벽 안개 · 57

쓸쓸함 · 58

억새 · 60

새벽의 고요 · 62

여운 · 63

가을 햇살, 그리고 갈대 · 64

교수님 · 66

추억의 향기 · 68

가을바다 · 69

순대국 · 70

가을비 · 72

아름드리 나무 · 74

아름드리 나무 II · 76

수원화성 · 78

가을 하늘 · 80

박하사탕 · 82

시계 · 84

물병 · 85

가을이다 · 86

커피 · 88

땀 · 90

열매 · 92

귀뚜라미 · 94

가을아 가을아 · 96

황금 들판 · 98

이별 · 99

가을에 대하여 · 100

- 에필로그 · 103

내 생에 첫 가을이자,
　　　　　마지막 가을

가을이다,
다시

사과

사과 한 입,
시고 서늘히 스며와
달콤히 머문다.

나는 바란다.
누군가의 기억 속에도
나도 그런 맛으로 남기를.

쌓임

가을이 오면
마음이 자꾸 쌓인다.

햇살 위에 그림자가 쌓이고,
바람 위에 낙엽이 쌓이고,
내 안에는
말하지 못한 마음들이 쌓인다.

그렇게 쌓이고 쌓여
무거워진 마음,
시가 되어
조금씩 흩어진다.

은행나무

도시의 은행나무는
가끔 냄새 때문에
천덕꾸러기 취급을 받는다.

사람들은 코를 막고
투덜대며 지나가지만,
그 뿌리는 아스팔트 틈을 밀어내며
묵묵히 자리를 지킨다.

가을이 오면
모든 불평은 잊힌다.
빛을 머금은 노란 물결이
거리 위로 번져 흐른다.

그 앞에 서면
회색 건물도 숨을 죽이고,
발자국 소리마저
낙엽처럼 흩어진다.

삶도 그렇다.
어떤 날엔 그림자처럼 남고,
또 어떤 날엔 잊히지 않는 빛살이 된다.

은행나무는 말없이 보여준다.
상처를 밀어 올려
노란 물결로 번져내는 힘.

가을의 은행나무는
더 이상 천덕꾸러기가 아니다.
묵묵히 계절을 밝히는
노란 등불이다.

호박죽

가을 저녁,
김이 모락오르는 그릇 속에
호박빛 달이 떠 있다.

은은한 향기는
서늘한 공기를 덮어 주고,
부드러운 단맛은
몸과 마음을 함께 데운다.

한 숟갈의 온기,
낙엽이 지는 길 위에서
불빛 하나 켜는 듯
쓸쓸함을 고요히 감싼다.

호박죽은

가을 저녁의 작은 달.

삼켜 넣으면

내 안의 어둠도 잠시 고요해지고,

지친 하루의 그림자마저

빛 속에 잠겨든다.

배

배를 베어 물면
투명한 물소리가
입안 깊숙이 터져 나온다.

그 맑은 단맛,
눌러 두었던 마음이
한순간 열리며
강물처럼 흘러나오는 듯하다.

내 안에도 저런 맑음이
숨어 있을까.
아니면 누군가에게
답답한 그림자만
보였을까.

언젠가 내 마음도
바람에 흔들리는 억새 사이로
빛 한 줄기처럼
스며나오기를.

가을배의 절정은 짧다.
겨울이 닿는 순간
달콤함은 서서히 사라지고,
아쉬움만 남는다.

그래서일까,
가을의 배 한 입은
맛이 아니라 기억이 되고,
아쉬움 속에서 오래
내 마음을 적신다.

찬바람

찬바람이 불자
여름은 흔적도 없이 사라졌다.
그토록 미워하던 더위마저
이제는 그리움이 된다.

익는다는 건,
단맛을 얻는 대신
풋풋함을 잃는 일.

햇살은 낮아지고
그늘은 길어진다.

빛나던 초록이 얼마나 짧은지
젊은 날엔 알지 못했다.
그 짧음이 지나야
비로소 삶의 무게가 된다는 걸.

찬바람에 흔들리는
가을 들녘의 억새처럼,
나 또한 흔들리며 서 있다.

성숙의 빛 속에,
떨어질 날을 아는 서글픔 속에서.

긴팔 티셔츠

옷장에서 긴팔 티셔츠를 꺼낸다.
지난 가을에 잠들었다가
다시 빛을 만나는 옷.

천에 스민 낯선 냄새,
어깨에 남은 계절의 그림자,
그 모든 것이
다시 내 몸에 걸린다.

삶도 그렇다.
잠시 접혀 있다가
어느 날 다시 펼쳐지는 것.

낡아진 듯 보여도
여전히 감싸 주는 따스함.

가을의 긴팔 티셔츠는
세월을 품은 기억이다.

들국화

국화의 꽃말은
고결, 성실, 기다림.
누군가는 그 무게에
삶을 포개어 본다.

그러나 들국화는
사전에도 이름이 희미하다.
아스팔트 틈새,
바람 많은 길모퉁이,
발자국 곁에서
조용히 몸을 흔들 뿐.

정원에 심긴 꽃과
길 위에 선 꽃,
그 차이가 두 운명을 가른다.

나는 들국화를 오래 바라본다.

햇살이 비껴가도,
비가 쏟아져도,
굽히지 않고
흔들림 속에 꿋꿋이 피어나는 빛깔.

꽃병 속 국화는
잠시 빛나지만,
들국화는
바람과 흙을 친구 삼아
끝내 계절을 지켜낸다.

누구도 불러주지 않는 자리에서
묵묵히 버티는 존재들,
그들이야말로
세상 가장 낮은 곳에
가장 단단한 뿌리를 내리고,
가장 오래 가을을 품는다.

들국화 앞에 서면
나는 고개가 저절로 숙어진다.
작고 질긴 그 생이야말로
가을의 얼굴,
우리의 얼굴임을.

노을

붉게 번져가는 하늘을 바라볼 때마다
나는 하루의 끝자락에 서 있었다.

그러다 문득 묻는다.
왜 사람들은 떠오르는 해보다
지는 해를 더 오래 바라볼까.

아마도 우리는
끝을 바라보며 비로소 마음이 풀리고,
스러지는 빛 속에서야
살아온 시간이 고요히 스며들기 때문이다.

그러나 나는 다짐한다.
앞으로는 노을만 쫓지 않으리.
새벽빛은 씨앗처럼 돋아나고,
정오의 햇살은 맥박처럼 뛰며,
그 모든 순간이
내 삶의 장면으로 소중하다.

노을은 여전히 아름답다.
그러나 떠오르는 해 또한
내 어깨 위에
빛의 손을 얹으며
조용히 인사를 건넨다.

두물머리

큰 물 두 줄기가 만나
부딪히지 않고,
오래된 친구처럼
어깨를 나란히 한다.

강 옆 고요한 물웅덩이엔
연잎들이 빽빽히 모여,
바람에 은은히 흔들리고
햇살은 그 위에
작은 별빛처럼 반짝인다.

노을이 강물에 스며들면
또 하나의 세상이 열리고,
사람들의 입술은
말없이 그 빛을 따른다.

내 손에 쥔 연잎 핫도그,

막 구워낸 기름 냄새와
서늘한 강바람이 겹칠 때,
손끝의 열기가
가슴 깊이 번져든다.

훗날 이곳을 떠올리면
거대한 강물의 만남보다
내 손바닥의 작은 온기,
그 따스함이
가을빛처럼 되살아나리라.

추석

추석이 오면
보름달이 떠오르듯
소중한 이들이 떠오른다.

명절이 아니어도
늘 만나고 싶지만,
예전처럼
연락은 자주 닿지 않는다.
각자의 삶이 바쁘다는 걸 알면서도
이 마음을
그들도 알까.

그리움이 바람을 타고
고향까지 흘러간다면,
그곳에서 잠시라도
우리의 웃음이 다시 모일까.

추석은 달빛보다,
송편보다,
무엇보다 가족이라는 이름이
더 먼저 떠오르는 날.

나는 오늘도
마음속 보름달 아래
부모님 곁에서
형제들과 나란히 앉아 있다.

서점

가을의 서점은
조금 다른 향기를 품는다.
종이 냄새는 더 짙어지고,
활자들은 더 크게 숨을 쉰다.

책장이 넘어가는 소리는
바람에 흩날린 낙엽 같고,
서가에 빽빽이 선 책들은
숲처럼 고요히 서 있다.

책은 조용히 서 있는데
나는 그 앞에서
수많은 목소리에 휩쓸린다.

가을의 서점은
언제나 내 안에 숨어 있던
숲을 흔들어 깨운다.

연기

커피잔 위의 뜨거운 연기는
조용히 흩어지며 사라진다.

그 모습은
곁을 스치다 떠난
사람들과 닮았다.

향기는 남지만
손끝은 식어가고,
기억은 머물지만
사람들은 멀어진다.

나는 커피 향을 깊이 들이마신다.
흩어지는 김 사이로
그리움이 번지고,
내 마음에도
가을이 스며든다.

흩날림

가을이 오면
내 마음도 이리저리 흩날린다.

저문 여름의 흔들림도
아직 다잡지 못했는데,
낙엽이 날아와
내 안을 스쳐 간다.

되돌릴 수 없음을 알면서도
나는 자꾸만 손을 뻗는다.

흩날리고 싶진 않다.
어떤 기억은 여기 남아
깊이 뿌리내리기를.

나는 흔들리면서도
흩어지지 않으려
오늘도 종이 위에
마음을 눌러 적는다.

그리움

가을은 그리움이다.

낙엽은 오래된 편지처럼 쌓이고,
비에 젖은 잎은
끝내 날아가지 못한다.

그 모습은 내 마음을 닮았다.
스며든 그리움은
떠날 길을 잃고
가슴 깊은 곳에 남는다.

바람은 잊힌 이름을 불러내고,
빛과 그늘이 겹쳐진 자리에서
그리움은 다시 꽃처럼 피어난다.

가을이 남기는 건

붉은 단풍도, 선선한 바람도 아니다.

지워지지 않는 그리움,

그것이야말로

계절이 건네는

가장 깊은 선물이다.

공원

가을의 공원은
빛과 바람이 겹쳐 앉는 자리.

강아지를 데리고 걷는 사람,
느린 걸음의 노인,
벤치 위의 연인,
아이들의 웃음이 바람을 타고
낙엽 사이로 흩어진다.

길가의 나무들은
노란 손편지를 흩뿌리고,
호수 위 갈빛 물결은
저녁 하늘을 고요히 품는다.

그 풍경은
내 안에 스며들어
오래된 책장이 된다.

가을의 공원은
발자국으로 쓰인 시,
낙엽과 바람이 이어 적는 문장,
잠시 머무는 우리 모두의 계절.

밤

밤을 깨물면
구수한 향기 속에
가을 한 모금이 스민다.

어릴 적엔
벌레 먹은 자국이 두려워
손에 든 밤을 내던지곤 했다.

이제는 안다.
작은 구멍 하나가
자연의 몫이자
내게 남겨진 자리라는 것을.

그 흠집이 없었다면
이 고소함도 없었으리.

밤송이의 가시가
알맹이를 품어 지켜내듯,
삶도 흠집 속에서야
제맛을 드러낸다.

나는 그 자국마저
따뜻한 향처럼 받아들인다.

대하구이

숯불 위에서 붉게 익어가는 대하,
작은 불꽃이 춤추는 듯하다.

껍질을 벗기면
바다의 향이 손끝에 스미고,
한입 베어 물면
가을 저녁이 입안에서 터진다.

나도 한입, 너도 한입.
웃음이 번져 나가며,
함께 있다는 사실이
맛보다 더 깊게 남는다.

바다 향 머문 기억은
시간 속에서도 마르지 않고,
그 풍미는 오래도록
마음의 바다에 스며든다.

송편

할머니 손끝에서 빚어지던 송편,
그리움은 늘 그 모양으로 다가온다.
향긋한 떡 냄새 퍼지면
웃음은 한자리에 모였다.

이제 송편은
떡집 유리 진열대 속,
포장된 단정함에
추억은 고요히 잠든다.

나는 가끔 그 앞에 서서
떡을 고르며
할머니의 손길을 떠올린다.

작게 접어 넣은 기억의 주머니,
한입 베어 물면
아련한 시절이 다시 번진다.

낙엽

가을이 오면
나무는 말을 아낀다.
대신 낙엽이 입이 되어
하나둘 땅으로 떨어진다.

골목을 떠도는 잎은
읽히지 못한 편지처럼
누군가의 시간을 속삭인다.

밟히며 흩어지는 소리,
가볍지만 오래 아프다.

떨어짐은 끝이 아니라 돌아감.
흙으로 스며들어
다시 뿌리의 숨이 된다.

돋아날 새잎은
또 다른 계절의 바람 속에서
다시 노래한다.

갈대밭

갈대가 흔들린다.
억새보다 키 큰 갈대,
바람을 받아내며도
묵묵히 서 있다.

나는 갈대일까.
더 멀리의 빛을 담으려
햇살 속에 눈을 든다.

가을 햇살이 쏟아지면
갈대밭은 바다가 되고,
흔들림은 파도가 되어
끝없이 밀려온다.

단풍

단풍은 불처럼 번져
마지막 숨결까지 태운다.

붉음에 스민 아쉬움은
곧 사라질 계절의 그림자.

겨울 바람이 문 앞에 와도
내 안은 여전히 따뜻하다.
단풍이 남긴 작은 불씨가
가슴 깊이 타고 있으니.

자전거

가을 바람을 맞으며 달릴 때
온몸이 계절 속으로 스며든다.

페달 아래 낙엽은 부서져
작은 북소리 되고,
그 리듬은 심장의 박동과 겹친다.

하늘은 길을 열듯
구름으로 선을 긋고,
나는 그 선을 따라 달린다.
가끔은 바람이 친구 되어
고맙게도 뒤에서 밀어준다.

길 위의 나는 혼자이되
조금도 외롭지 않다.
풍경이 친구가 되고,
바람이 나의 언어가 된다.

가을의 자전거는
이동이 아니라 해방.
삶의 무게를 벗고
가벼움으로 달리는 일.

나는 안다.
자전거를 사랑한다는 말은 곧
가을을 사랑한다는 뜻.
흩날리는 햇살 속에서
나는 지금,
온몸으로 계절을 달린다.

아파트의 가을

회색 벽 틈새로
노란 은행잎 흘러내리고,
주차된 차 위로
단풍 조각이 겹겹이 앉는다.

숲보다 늦게 오지만,
도시의 가을은
더 고요히, 더 깊게 스민다.

삭막한 벽에도
말없이 다가온 계절,
닫힌 마음의 창을
조용히 두드린다.

새벽 안개

새벽안개는
도시의 윤곽을 지우고,
낯선 것마저 친근하게 만든다.

한 걸음 내딛을 때마다
세상은 처음이 되고,
안개는 아직 열리지 않은 길의
망설임이 된다.

곧 걷히리라.
그러나 나는 안다.
그 잠깐의 흐릿함 속에서
마음이 가장 깊이 숨을 쉰다는 것을.

쓸쓸함

쓸쓸함이 없다면
영혼은 빛처럼 가벼울까.

외로움이 두려워
사람들 틈으로 숨어들어도
쓸쓸함은 그림자처럼
내 발자국을 끝내 따라온다.

쓸쓸함은 결핍이 아니다.
빛이 있어야 드러나는
어김없는 그림자,
나를 놓지 않는
진짜 나의 얼굴.

나는 그 그림자를
밀어내지 않는다.
조용히 곁에 두고
함께 걸어간다.

쓸쓸함을 품을 때,
나는 알게 된다.
아직 내 안에
숨 쉬는 온기,
꺼지지 않는 불씨가 있다는 것을.

억새

억새는 바람에 이리저리 흔들린다.
바람이 멈추어도
억새는 기다리는 듯 서 있다.
누구의 발자취를,
누구의 이름을 기다리듯.

억새가 움직이면 내 마음도 흔들린다.
혹시 내 마음이 멈추면
억새도 멈출까.

그러나 억새는 늘 바람 속에 있었다.
내 마음이 고요한 순간에도
억새는 이미
나를 대신해 흔들리고 있었다.

그 흔들림은 나를 닮았고,
곧 그리운 사람을 닮아 있었다.
바람은 억새를 흔드는 척,
억새를 핑계 삼아
결국 그 사람을 불러냈다.

억새가 흔들릴 때마다
나는 그리움을 따라
저녁 바람 속에서 흔들리고 있었다.

새벽의 고요

가을 새벽,
숨결처럼 고요가 번진다.

차가운 공기 사이로
옅은 빛이 풀리며
세상은 천천히 빛을 연다.

그 순간,
나는 고요에 감싸인 채
새벽의 첫 숨을 함께 쉰다.

여운

가을은 늘
여운을 남긴다.

스쳐간 발자국처럼,
사라진 웃음처럼,
내 뒤에 남아 오래 울린다.

겨울이 다가와도
그 서늘함마저
가을이 남긴 긴 숨결이 된다.

가을 햇살, 그리고 갈대

가을 햇살은 따스하다.
여름 내내 원망스럽던 그 빛이
이제는 어깨 위에 내려앉아
낡은 담요처럼 마음을 덮는다.

햇살은 달라지지 않았다.
달라진 건 우리다.
뜨거움을 미워하던 눈이
찬 바람을 맞고서야
그 온기의 자리를 깨닫는다.

갈대밭에 들어서면
햇살과 바람이 장난치듯
끝없이 몸을 흔든다.
갈대는 쓰러질 듯 흔들리다가도
곧게 다시 선다.

흔들림 속에서
우리의 마음도 닮아간다.
지나간 여름에 흔들리고,
다가올 겨울에 흔들리면서도
다시 서는 건
햇살이 언제나 돌아오기 때문이다.

가을의 햇살은 단순한 빛이 아니다.
한때 미워하던 것을
다시 사랑하게 하는 힘,
흔들린 마음을
다시 일으켜 세우는 힘이다.

교수님

가을이 오면 떠오른다.
정장 위로 긴 바바리를 걸치고
강의실 문을 밀고 들어오시던 모습.

칠판 앞에서
분필을 굴리다 손끝으로 털던 습관,
창밖 은행잎을 스치듯 바라보다
다시 굵은 글씨를 남기던 눈빛.

철학 수업을 여는 목소리는
고요한 호수에 돌을 던질 때처럼
잔잔하면서도 깊었다.

그때 칠판에 남겨진 단어들은
아직도 내 마음 속에
낙엽 그림자처럼 머문다.

그땐 몰랐다.
한 계절의 풍경과 한 사람의 그림자가
이토록 오래 겹쳐
내 기억 속에 남으리라는 것을.

교수님은 가을을 닮은 사람이었다.
그리고 내 기억 속에서
가을은 언제나
교수님의 계절이다.

추억의 향기

가을은 보이지 않는 향수,
한 번 스치면 오래 남는 기억.

바람에 묻은 은행잎 냄새,
마른 풀 내음,
책장에서 피어나는 종이의 숨결.
그 속에서 잊었던 시간이
낙엽처럼 깨어난다.

잡히지 않는 향기일수록
더 깊이 마음을 붙든다.
그래서 가을은
눈이 아니라
코끝과 가슴으로 기억하는 계절이다.

가을바다

가을 바다,
모래 위 발자국이
파도에 스며 사라진다.

물결은 낮은 숨결로 눕고,
하늘빛은 잔잔히 내려앉아
바다를 조용히 감싼다.

멀리 날아가는 갈매기,
늦은 계절의 전령처럼
저녁빛 속으로 천천히 스며든다.

순대국

여름엔 멀리하던 순대국,
가을엔 다시 가까워진다.
김이 피어오르면
허기만이 아니라
마음까지 풀린다.

들깨의 고소한 숨결,
파의 푸른 향기,
국물 속에 녹아든
시간의 따스함.

나는 그릇을 들이키며 바란다.
이 온기가
내 삶에도 오래 남아
힘든 하루마다
작은 위로로 번져 오기를.

가을의 순대국은
식지 않는 불빛처럼
마음을 데워주는 계절이다.

가을비

가을비는 쓸쓸하다.
여름엔 천둥을 끌고 와
창문을 두드리며
세상을 흔들던 비가,
이제는 소리마저 낮추어
조용히 내린다.

그 잦아든 발걸음은
이별을 앞둔 그림자 같다.
떠날 때가 된 이를
붙잡지 못하고
그저 바라보는 마음처럼.

창문에 매달린 물방울,
작은 등불처럼 떨릴 때

나는 그 앞에서
고요히 스며든다.
쓸쓸함이 퍼져오는 것을
그저 받아들이며.

아름드리 나무

우리 동네 공원에는
수령 사백 년을 넘긴
아름드리 나무가 있다.

폭풍에도, 장마에도
제 자리를 지켰고,
곁을 지던 나무들이
하나둘 사라진 자리에서
홀로 뿌리를 더 깊이 내렸다.

사람들은 그늘에 앉아
숨을 고르다 떠나지만,
그 긴 침묵 곁에
오래 머무는 이는 드물다.

나는 그 앞에 서서 안다.
살아간다는 건
버티며 서는 일,
그리고 서 있는 동안
조금씩 고요해지는 일임을.

아름드리 나무는
말없이 그것을 증언한다.

아름드리 나무 II

아름드리 나무가 옷을 벗는다.
날은 점점 차가워지는데
더 껴입기는커녕
하나둘 잎을 떨구며
겨울을 맞는다.

잠시 불타오른 뒤
담담히 비워내는 얼굴.

나는 부럽다.
추위를 두려워하지 않고,
빈 가지로 서서도
스스로를 지켜내는 용기.

마지막 잎새조차
주저 없이 내어놓는다.

아름드리 나무는 안다.
버림은 끝이 아니라,
봄을 품은 침묵의 시작임을.

수원화성

호수 옆 버들나무 길,
가을 햇살에 흔들리던 은빛 풍경은
처음 만난 설렘처럼 오래 남아 있다.

돌담은 여름의 열기를 내려놓고
서늘한 공기 속에서
조용히 계절의 옷을 갈아입는다.

발밑 낙엽은 바스락거리고,
멀리서 들려오는 아이들 웃음은
돌벽의 오래된 시간과 겹쳐진다.

화성의 돌은
수백 해의 역사를 품고도
아무 말이 없다.
그러나 그 침묵이 더 크다,
계절을 건너온 숨결처럼.

나는 알았다.
이곳은 유적이 아니라
계절이 머무는 자리라는 것을.
가을 바람이 성곽 위를 스치며
내 마음에도 흔적을 남겼다.

수원 화성은 나에게
돌 속에 남은 시간,
그리고 해마다 불러내는
가을의 고향이다.

가을 하늘

계절이 스쳐간 자리마다
남아 있는 건 하늘이다.

여름의 구름은 흩어지고,
겨울의 매서움은 아직 오지 않은,
그 사이의 맑음.

가을 하늘은 높고 투명해
마음을 씻어내는 물 같다.
그 아래 서면
숨긴 것마저 속까지 드러나는 듯하다.

가을 하늘은 풍경이 아니라
영혼을 비워내는 공간.

그래서 계절이 흘러가도
끝내 남아 있는 건
언제나, 하늘이다.

박하사탕

가을 바람의 선선함은
박하 사탕의 시원함을 닮았다.

바람은 뺨을 스치며 투명해지고,
사탕은 혀끝에서
작은 파도처럼 일렁인다.

그 순간,
나는 계절을 맛본다.
입안은 박하의 서늘함으로 차고,
가슴은 가을의 공기로 가득하다.

사라짐은 짧아도
여운은 길다.
바람도, 사랑도,
잠깐의 선물이면서
오래 남는 기억.

가을은 박하처럼 투명한 서늘함으로
마음을 맑히는 계절이다.

시계

시간은 흘러간다.
가을의 시계는 유난히 빠르다.

왔구나 싶어 반기려 하면
벌써 발자국 소리만 남기고 떠난다.
단풍은 아직 붉은데,
겨울은 문 앞에서 서늘한 기침을 토한다.

가을은 중얼거린다.
"조금만 더, 아직은 내 차례인데."
그러나 시계의 바늘은
끝내 겨울 쪽으로만 기운다.

그 앞에서 나는 안다.
가을의 시간은 언제나 짧았고,
짧음이기에 오래 남는다는 것을.

물병

여름 내내
땀방울과 함께 달려온 물병.
뜨거운 계절 속에서
내 갈증을 지켜낸 작은 벗이었다.

이제는 책상 한켠,
고요히 놓여 있다.
마치 바람이 지나간 뒤
잠든 물결처럼.

투명한 몸에 매달린 작은 물방울 하나,
그 속에서 나는
여름의 열기와 수많은 갈증을 다시 본다.

그리고 이제,
가을의 바람처럼 고요히
나 또한 쉼을 배운다.

가을이다

가을이란 말은 묘하다.
입에 굴릴수록
빛이 바뀌고, 숨결이 달라진다.

가을, 가을,
되뇌다 보면
쓸쓸함도 되고,
풍요로움도 되고,
어쩌다 떠나는 발자국 소리도 된다.

한 단어 안에
겹겹의 계절이 숨어 있고,
그리움이 겹쳐 있고,
성숙이 스며 있고,
끝내 붙잡지 못할
어떤 떨림이 숨어 있다.

그래서일까.

나는 이 계절 앞에서

자꾸만 단어를 굴린다.

가을,

가을,

그리고 다시,

가을.

커피

뜨거운 마음을 식혀 주던
여름의 차가운 커피 한 잔.

그러던 커피가
가을에 이르러
손끝을 데우는 불씨가 된다.
서늘한 공기 속에서
작은 온기가 되어 준다.

커피는 계절을 닮는다.
여름엔 바람 같은 위로,
가을엔 불씨 같은 온기.
그리고 그 향기는
잠시 스쳐도 오래 남아
내 안에서 계절을 이어준다.

나는 오늘도 커피를 마신다.
그 안에서 계절을 마시고,
흔들리는 마음의 온도를
조용히 맞춘다.

땀

내 곁에 찰싹 붙어
성가신 듯 친한 친구,
이제는 땀이 오질 않는다.

한여름 내내
내 어깨에 매달려
불평도 웃음도 함께였던 녀석.
성가시다 했지만
누구보다 가까웠던 친구였다.

가을 바람이 불자
그는 말도 없이
서늘한 공기 속에 숨어버렸다.

나는 문득 그리워한다.
햇살 아래 쏟아지던
뜨거운 숨결,
목을 타고 흐르던
솔직한 땀방울들.

다시 만나고 싶다.
언젠가 또 찾아올 계절에
그 성가신 땀마저
내 삶을 채워줄 거라 믿으며,

아쉬움 속에서
나는 가을의 바람을
조용히 받아들인다.

열매

가을의 열매를 바라보면
가슴이 저릿하게 설렌다.

햇살을 오래 품은 껍질 속,
가득 차오른 단맛은
계절이 도달한 절정의 표정.

그러나 나는 안다.
풍성함은 곧 끝을 예고하고,
찬란함은 이내 스러질 빛이라는 것을.

손끝에 닿은 열매는 달지만,
그 단맛 속에는
이미 떠날 날을 품은
가벼운 그늘이 스며 있다.

그래서 마음은 두 갈래다.

한쪽은 풍요에 설레고,

한쪽은 허전함에 젖는다.

가을의 열매는

결실이자 이별의 신호,

가득 차 있기에

더 깊이 비어가는 계절의 얼굴이다.

귀뚜라미

귀뚤 귀뚤,
어둠 속에 번지는 작은 웃음.
가을밤마다 들려오는 그 소리는
옛날의 우리를 닮았다.

작은 불빛 아래 옹기종기 모여
사소한 이야기에도
배꼽을 잡고 웃던 시절.
그 웃음이 귀뚜라미 울음이 되어
지금도 밤을 채우는 듯하다.

그때의 친구들은 어디에 있을까.
소식은 멀어졌지만,
이 계절의 소리는 늘
그들을 불러낸다.

귀뚤 귀뚤 울음이 멀어질 때,
가을밤은 더 깊어지지만
그 속엔 여전히
친구들의 목소리가 살아 있다.

가을아 가을아

가을아, 가을아
내 애타는 부름을
너는 들었을까.

낙엽이 떨어질 때마다
가슴이 저려 오고,
네 이름만 불러도
눈가에 빛이 번진다.

아름다워서 아프고,
짧아서 그리운 계절.
너는 언제나
눈물의 향기를 남기고 간다.

가을아, 가을아,
저물어 가는 햇살 속
너의 뒷모습이 애틋해
나는 끝내 말하지 못한 이별처럼
너를 부른다.

황금 들판

햇살은 들판 위에서
천 개의 거울처럼 흩어진다.

벼이삭이 고개를 숙일 때
들판은 조용히 인사한다.

트랙터 소리 멀리 번지고,
흙냄새가 묵직하게 스민다.
그 순간 모든 시간이
황금빛으로 멈춘다.

풍요는 소리치지 않는다.
조용히 고개 숙이며
세상을 채운다.

나는 들판 앞에서
내 삶의 속도 또한 늦춘다.

이별

가을의 이별은
낙엽이 흩날리듯 허망하다.
한 장 한 장 떨어질 때마다
내 마음도 조금씩 찢겨 나간다.

너를 보내고 난 자리에
서늘한 바람만 남아
가슴을 파고든다.
그 바람이 스칠 때마다
창문도, 내 마음도 흔들린다.

황금빛으로 번지는 계절,
내 눈에는 자꾸만 빛이 번진다.
아름다울수록 더 아픈 빛,
그 빛 속에서 나는
끝내 너를 놓지 못한다.

가을에 대하여

가을은 늘 애틋하다.
찾아온 듯하면 곧 떠나고,
남기는 건 바람 속의 쓸쓸함과
짧아서 오래 울리는 메아리뿐이다.

낙엽은 스러지며 다시 뿌리가 되지만,
그 순간을 바라보는 우리의 마음은
어쩐지 허전하다.
아름다움은 늘 사라짐과 함께 있고,
풍요로움은 곧 빈자리로 이어진다.

그래서 가을은 그리움의 계절이다.
멀어진 얼굴들이 바람처럼 불려오고,
잊었다 여긴 웃음소리가
가을밤의 어둠 속에서 되살아난다.

나는 안다.

가을을 애틋하게 바라보는 일은

사실, 그리운 사람들을 떠올리는 일이고,

짧은 계절 속에서

삶의 무늬와 덧없음을 다시 배우는 일임을.

가을은 늘 짧다.

그러나 그 짧음이 남긴 자취는

겨울을 지나도 쉽게 지워지지 않는다.

애틋함이 곧 기억이 되고,

기억은 오래도록 마음을 밝혀주는

내 안의 작은 불씨가 된다.

에필로그

가을은 언제나 갑자기 떠납니다.
잡으려 하면 이미 멀리 가 있고,
남은 자리에는 바람만 서성입니다.

하지만 이별이 끝은 아닙니다.
가을은 마음 속 깊은 곳에서
책 속의 단어처럼,
기억 속의 빛처럼 계속 이어집니다.

책을 덮는 이 순간,
당신의 가을이 시작되기를.
짧았지만 선명했던 이 계절이
당신 삶의 작은 불씨로 남기를 바랍니다.

- 지은이 드림

가을이다,
다시

초판 1쇄 발행 2025년 10월 2일

지 은 이 | 현장원 지음
펴 낸 곳 | 브롬북스(BromBooks)
출판등록 | 출판등록 : 제2019-000252호
주　　소 | 서울시 강남구 봉은사로 317, 3층
전　　화 | 070-7563-7775
이 메 일 | jeffstudylove@gmail.com
홈페이지 | www.jeffstudy.com

저작권자 | ⓒ 2025. 현장원

이 책의 저작권은 저자에게 있습니다. 서면에 의한 저자와 출판사의 허락 없이
내용의 일부 혹은 전부를 인용 및 복제하거나 발췌하는 것을 금합니다.

책값은 뒤표지에 있습니다.
잘못 만든 책은 구입하신 서점에서 교환해 드립니다.

ISBN : 979-11-994146-7-9 (03810), 브롬북스 도서번호 L0762337